他力信心を実感するための法話

和田真雄

法藏館

目次

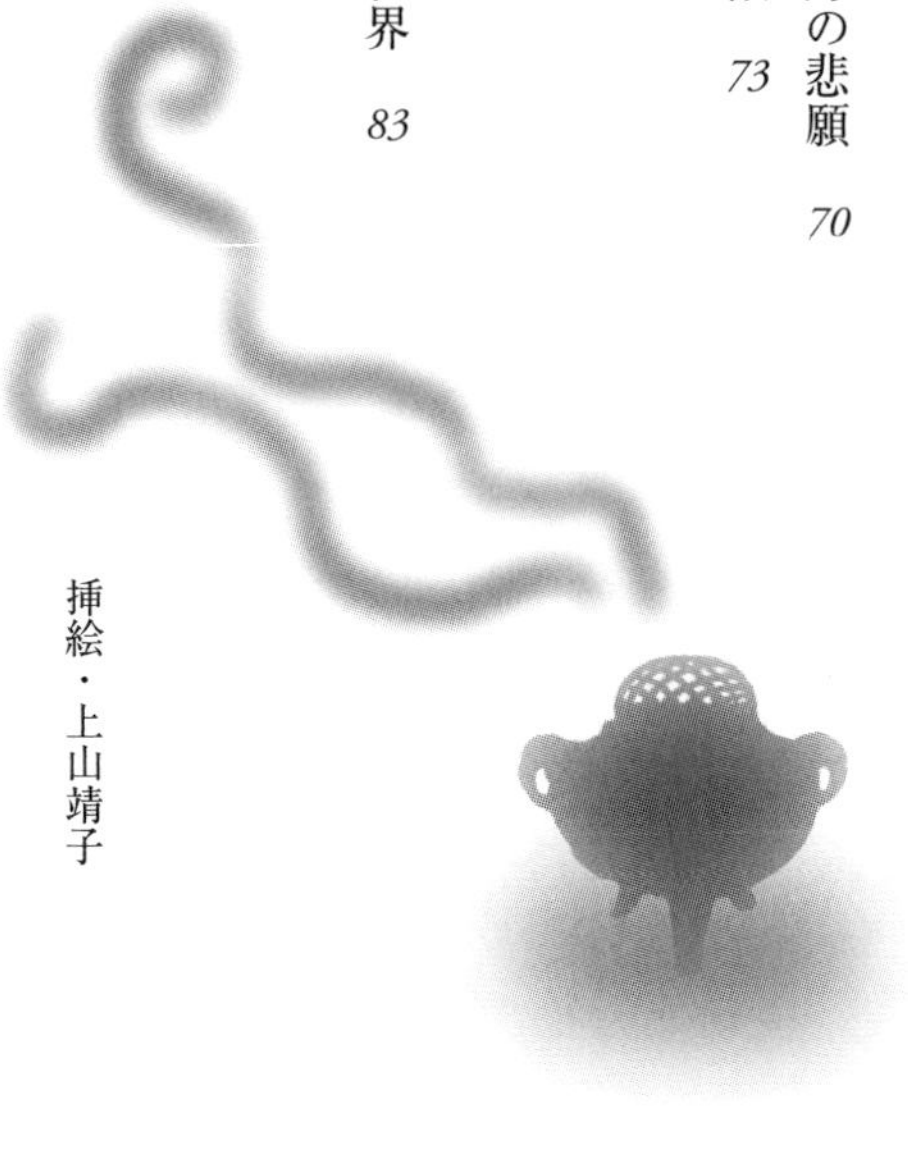

挿絵・上山靖子

1 凡夫が凡夫のままで救われるとはどういうことか

一　凡夫のままで救われるというのは、ほんとうに嬉しいことなのか

私は、大学生になってから浄土真宗の教えを学びはじめたのですが、そのとき、最初に強く心に残ったことは、人間というのは「罪悪深重の凡夫」で、「真実の心」も「清浄の心」もない存在だと強調されたことでした。私は、それまで学校で、自分を信じ自分の可能性を信じて、精一杯努力し良い人生を開くようにと教えられていました。そして、それを素直に信じて、自分の人生をより良いものにしようと意気込んでいたのです。そんな私にとっては、とても衝撃的な教えでした。

ただ、説明を聞いていれば、なるほどそうだとは思うのですが、しかし、「たまにはいいこともするんじゃないかなあ」という気持ちが、なくなることはありませんでした。

もう一つ、私の心を悩ましたのは、「悪いことばかりする、罪悪深重の凡夫」が、その凡夫のままで救われるのが他力信心だと教えられたことです。私が疑問に思ったことは、「悪いことばかりする凡夫」が、そのまま救われるというけれど、「悪いことばかりする人間」のままで救われても、嬉しくもなんともないのではないかということです。そして同時に、「凡夫のままで救われる」ということが、現実的にほんとうにおこることなのか。おこるとすれば、どのような状況でどうなることなのかと、ずっと考え続けることになりました。

その「凡夫のままの救い」ということを自分なりに理解するために、私は、人間の心が救われる現実的なすがたを実感しようと、三十歳をこえてからカウンセリングの勉強をはじめました。そして、四十歳で結婚および家族を中心にするカウンセラーとして活動をはじめ、そのカウンセラーの活動の中で、人間の深い迷いに出会うことになったのです。そして、その深い迷いを抱えたままでは、「凡夫のままで救われる」といわれても、けっして嬉しくはないということを実感することになったのです。

二　私は、父親に植民地支配されているようなもの

私が出会った、深い迷いというのは、次のようなものでした。

その人は三十二歳の男性で、眼科の医師です。彼の父親も医師で、生まれたときから医者になることが運命づけられていて、それに従って彼は医師になりました。ただ、父親の締めつけはかなり厳しく、彼が私に打ち明けた言葉は、衝撃的なものでした。彼は、

「私は、父親に植民地支配されているようなものです。私自身、父親がうっとおしく、それを払いのけたいという思いがあります。しかし、もし払いのけて自分で生きていくことになったら、どうしていいかわからなくて、生きていけないように思います。植民地が独立しても、宗主国の支援がなければやっていけないのと同じことです。ですから、父親の支配から離れることはできません」

といったのです。

彼は、自分の世界をしっかりと作ることができなかったために、父親の指示によってしか生きることができなくなってしまったのです。自分の意思で生きることができない

と、いろいろなことに出会ったときに、自分でどうするか決められないということですから、不安を抱えたままの人生になります。また、他人の思惑の中で生きるというのは、かなり窮屈な感じがしますから、自分なりの世界を取り戻したいとも思います。ところが、実際に、自分の世界を求めて、父親の指示をはねのけたとしても、そこにあらわれるのは曖昧な自分の思いしかなく、そのために、どうしていいのかわからなくて戸惑うしかなくなるのです。それが現実ですから、彼は、不安を抱え窮屈さを感じながらも、父親の支配の中で生きるしかないということなのです。

このような生き方をしている人に、「ありのままで救われる」ということが、どのような意味を持つのかが、あらためて問題となって感じられたのです。

三　悩みや苦しみを持ったままでの救いは、ほんとうにあることなのか

自分の世界を作ることができず、親の保護から離れられない、「引きこもり」といわれる人は、現在では数多くいます。彼らは、心の底では、自立して自分の力で生きてい

きたいと思いながらも、どうすればいいのかわからなくて、状況を改善できないでいるのです。

このような引きこもりの人にとって、「凡夫のままで、ありのままに救われる」ということは、どのような意味を持つのでしょう。

悩みや苦しみを持った人が、しかも、その状況を自分の力で変えることができずに苦しんでいる人が、自分の現実のすがたを「凡夫である」と自覚すれば救われるということが、どのようにしておこるのかということが課題なのです。

親鸞聖人が説かれた、他力信心の救いというのは、たしかに「罪悪深重の凡夫が、凡夫の自覚を持ちながら、ありのままで救われる」というものなのです。それでは、それはどのようにおきるものなのか。「凡夫が、ありのままに救われる」というのは、悩みを持って生きている人の心がどのようになり、どのように救われた心を持つことになるのか。

カウンセラーとしての活動が長くなり、深い悩みを抱えて苦しむ人に出会うたびに、私は、その課題が解明できれば、目の前で苦しみ悩む人を、そのままで救うことができるようになると感じるようになっていきました。

親鸞聖人は、『正像末和讃』で、

浄土真宗に帰《き》すれども　真実の心《しん》はありがたし
虚仮《こけ》不実のわが身にて　清浄《しょうじょう》の心《しん》もさらになし

（『真宗聖典』〈以降、聖典〉、東本願寺出版部、五〇八頁）

と説かれています。「浄土真宗に帰すれども、真実の心はありがたし」といわれるのですから、まさに「罪悪深重の凡夫」がその本質を変えることなく救われるのです。親鸞聖人は、たしかにそのように説いておられるのです。

では、凡夫が凡夫のままで救われるというのは、どういう状況でどのようになることなのでしょう。それについて、私がカウンセリングを続ける中で見つけてきた、救いの実感をとおして考えてみたいと思います。

② そもそも、人間はなぜこれほど生き方に悩むのか

― 人間は、進化のはてに生き方に悩む存在になった

私は、カウンセラーの活動を続けて、深い悩みを抱える人に出会うたびに、「人間は、なぜ、これほど生き方に悩むのか」と考えるようになりました。そして、動物学や動物の進化、さらには人間の脳科学について勉強をしていくうちに、人間が他の動物と違って言葉を持って考えるように進化したことが、生き方に悩む根本の原因であることがわかったのです。

現在地球上に生存している生物の中で、言葉を持って考えるようになったのは、人間だけです。言葉を持たない他の生物は、おおよそ遺伝子のプログラムに従って、刺激と反射を基本にした行動をしています。人間は、およそ六〇兆個の細胞でできているのですが、その人間の体も、遺伝子のプログラムに従って、刺激と反射で活動を続けていま

す。その意味では、人間の体は、他の生物と同じ原理で動いています。

ところが、言葉を持って考えるようになった人間は、自分の行動をすべて言葉によって決めるようになりました。それどころか、言葉なしには、何かを考えることも、何をするのかを決めることもできなくなっているのです。

たとえば、朝出かけるときに、どの服を着ていくかということも、

「今日は寒いから、少し暖かい格好をしたほうがいいかな」

「天気がいいし、ちょっと明るめの服にしよう」

「きのうも同じ服だったけど、ほかにないから仕方がないか」

などと、いろいろと頭の中で言葉を使って考え、そして決めています。また、晩ご飯に何を食べるのかというようなことも、言葉なしには考えられず、決めることができません。

肉体は、意識がなくても、決められたプログラムに従って、刺激と反射で活動を続けることができます。たとえば、体温が高くなれば、汗をかき、血管を拡張して体温を下げることを、頭で意識しなくてもしているのです。また、血糖値が上がれば、膵臓からインスリンが分泌され、血糖値を下げることを、意識しなくてもしています。さらに、

血糖値が下がりすぎると、今度は膵臓からグルカゴンが分泌され、血糖値を上げます。これもまた、意識を離れたところでしていることです。このように、肉体は、すべて遺伝子のプログラムに従ってそれぞれのはたらきをしていて、ことさら、どうしようかと考えなくても健全さを保つことができるのです。

ところが、言葉を持って考えるようになった人間は、自分が何をするかという行動については、言葉なしには絶対に何も決められなくなっているのです。ためしに、今日の晩ご飯を何にするかを、言葉を一切使わないで決めることをためしてみてください。また、次の日曜日に何をするのかを、言葉を使わないで決めることをためしてみてください。ためしてみるとはっきりとわかるのです。頭の中で、言葉を使って考えることをしないと、私たちは何も決められないのです。そして、こんなことを一生懸命ためしている間も、呼吸は続けられ、心臓も拍動を続けています。それらは、遺伝子のプログラムに従った活動だからこそ、意識する必要がなく活動を続けることができるのです。

では、私たちの行動を決めるために必要不可欠な言葉というのは、どのように身につくのかというと、生まれた後に育った環境の中で身につくのです。日本人の夫婦の間に生まれた日本人だからといって、日本語がすでに身についているということはありません。生まれて三歳までに育った環境の中で話されている言葉を、人間は身につけていくのです。ですから、アメリカで育てば英語を話すようになり、スペインで育てばスペイン語を話すようになるのです。

人間は、言葉を話せるようにならないと、人間として行動することができない存在になりましたから、三歳までに自然に言葉を話せるようになる能力を身につけました。文字は、学習しないと身につきませんが、言葉を話すことは、特に教えられなくても、周りの言葉を聞いて身につける能力を、人間は進化のはてに獲得したのです。三歳までに身につけるといいましたが、三歳をこえると自然に言葉を身につける能力がなくなります。三歳を過ぎると、言葉は学習しないと身につかなくなるのです。ですから、三歳が言葉を自然に身につける臨界期といわれています。

このように、人間は、特別に教えられなくても言葉を話せるようになり、それによって自分で考えて行動を決めることができるようになったのです。ところが、それは、生まれてから後、それぞれが個別に身につけた言葉によってすることで、遺伝子のプログラムを離れています。ですから、自分がどのように行動するか、どのような人生を歩むのかは、それぞれが自分で考えて決めなければならなくなりました。そのために、人類に共通した本来的な生き方とか、このようにすれば間違いがないという生き方を持てなくなってしまったのです。

たとえば、人間以外の動物は、恋の季節になれば自然にパートナーを求めるようになります。そして、それぞれに決められた求愛の行動をとり、子どもを産むことができます。ところが、遺伝子のプログラムを離れた人間は、いつ恋をして、どのような求愛行動をして、どのようにして子どもを産むのかということまで、自分で考えて行動しなければならなくなったのです。そして、求愛行動に失敗し、大きな心の痛手を負って、「もう一生恋なんかしない」と誓うようなことまでおきるようになりました。

このように、言葉を持ち、自分の行動をすべて自分で決めなければならなくなった人間は、人間以外の動物では考えられないような、生き方に悩む存在になったのです。

二　言葉を身につけた人間が抱えることになった虚無

人間以外の動物は、遺伝子のプログラムにもとづいて行動しています。ですから、どのように生きたらいいのかと、悩むことはありません。たとえば、渡り鳥は、季節の変わり日に従って、規則正しく渡りをします。白鳥は、冬になると北の国から日本にやってきて、春になると北の国に帰っていきます。それとは反対に、ツバメは、春になると日本にやってきて、巣を作り子育てをして、寒くなると南の国に帰っていきます。

また、土の中で暮らすモグラは、トンネルを掘って移動し、土の中で餌を取り、土の中で子育てをします。また、川の中で暮らすビーバーは、川をせき止めてダムを作り、そのダムの中に巣を作り子育てをします。このように、それぞれが、教えられなくても種に特有の生き方ができるのは、それぞれが遺伝子のプログラムに従って生きているからです。

ところが、遺伝子のプログラムを離れて、生まれた後で身につけた言葉で生きることになった人間は、人間としての生き方の本来性をなくし、生き方の基準を持たない存在になってしまったのです。

このように、人間が生き方に悩むことになった根本的な原因は、言葉を身につけて考えることをはじめたからなのです。その、人間が身につける、言葉の基本は名詞です。周りにあるものの名前を覚えることが、言葉の基本です。

よく考えてみると、すべてのものに名前がついています。空、山、川、道、橋などと、すべてに名前がついています。新しいものが出てきても、パソコン、マウス、USBなど、必ず名前がつきます。名前がないとお互いに話をすることができませんから、とにかく名前を憶えることが言葉の基本になります。

人間は、生まれてから後に、名前を憶えはじめるわけですが、同じ環境にいれば、みんなが同じ名前を憶えるとはかぎりません。それぞれに、身につける名前は同じではありません。たとえば、目の前の森を見て、ただ「森」としか考えない人がいます。その人は、林や森という名前を憶えます。ところが、植物に興味のある人は、林や森という名前だけではなく、針葉樹の松、杉、檜、広葉樹のクスノキ、ブナなどの名前も憶えていきます。そして、森を遠くから眺めただけで、およそ見分けることができるようになります。さらに、森の中の生き物に興味のある人は、鳥の名前や、昆虫の名前なども憶えていて、森を見ながら、森の生態系をイメージする人もいるでしょう。

このように、それぞれの興味に従って、いろいろな名前を憶えて、それぞれの脳内に世界を構築していくわけです。ですから、同じ森を見たときでも、脳内にイメージされる情景はけっして同じではないのです。そのために、同じ環境で育ったとしても、興味関心の違いによって、それぞれが身につける言葉が違い、その言葉の違いによって構築される脳内世界も違ってくるのです。

そして、人間は、自分の脳内に構築した世界をもとにして、ものを考え行動するわけです。たとえば、昔のように、自分の生まれた村から出たことがなく、外からの情報も少なかったときには、自分の生まれた村だけが世界だったのです。ですから、当然その自分の村だけで脳内世界が構築され、そこでどのように生きるのかということが考えられました。それに対して、日本だけでなく、海外のこともよく知っているような人の脳内世界は、さまざまな情報で構築されることになります。そして、その情報量の多い脳内世界をもとにして、自分の行動を決めることになるのです。

そのように、それぞれが、独自に構築した脳内世界をもとにして、自分の行動を決めることになるのですから、それぞれの行動が個別のもの、また独自のものになっていくのは当然です。このように、遺伝子のプログラムを離れ、しかも生まれた後の環境の中で脳内世界を構築することになった人間は、極めて多様な世界をそれぞれに構築することになり、人間としての本来的な生き方、統一的な基準をうしなってしまったのです。

人間以外の動物は、遺伝子にプログラムされた生き方に従って生きています。ですから、自分の食べるものと食べられないものを、教えられなくても判別して、食物をとっていきます。また、成長すれば伴侶を見つけ、子どもを産んで育てるということも、遺伝子のプログラムに従ってしていきます。ですから、その生涯にわたって、何をするべきかに悩むことはなく、スズメはスズメらしく、ペンギンはペンギンらしく、それぞれにその生涯をまっとうすることができるのです。

もちろん、弱肉強食の世界ですから、殺したり殺されたりということから逃れることはできません。また、縄張り争いや、メスをめぐっての闘いなど、争いもいっぱいあります。その意味では、苦しみや悲しみがないということはありません。しかし、どのように生きていいのかと、生き方に悩むようなことはないのです。

ところが、言葉を持って考えるようになった人間は、それぞれが個別の世界を脳内に構築し、その脳内世界にもとづいて自分の行動を決めるようになったことから、どのように生きていいのかわからないという悩みを持つことになってしまったのです。

三　興味関心の違いで独自の世界を作る人間

人間は、生まれてきたときは、脳内に何もない、真っ白な状態です。肉体は、遺伝子のプログラムに従って刺激と反射で動きますが、言葉が習得されておらず、脳内にはまだ世界が構築されていませんから、自分の意思で行動するということはありません。

真っ白な脳内に、いろいろなことが言葉と一緒に入ってきて、次第に自分の脳内世界が築かれていきます。昆虫が好きな男の子は、クワガタムシやカブトムシ、ナナフシやカメムシなどの知識・情報がいっぱい入ってきます。食べることに興味津津の女の子は、お菓子の作り方や、料理のレシピなどの知識・情報がいっぱい入ってきます。ゲームが好きな子は、ゲームの知識・情報が、スポーツの好きな子は、スポーツの知識・情報がいっぱい入ってきます。

人間の脳は、自分で意欲をもって取り込もうとしたものだけが、脳内に認識として蓄えられるという性質があります。見たものをそのまま脳内に残すようにすると、不必要なものまで脳が処理しなければなりませんから、ほんとうに必要とするものだけを認識として蓄えるようにできているのです。ですから、私たちの脳内世界には、興味を持たないものはほとんど入ってきません。そのために、同じような環境で育っても、それぞれの興味関心の違いによって、独自の脳内世界が構築され、個性の違いが生まれてくるのです。

同じ環境で育っても、興味関心の違いから、脳内世界の違いが生まれるのですから、環境が変われば、さらに大きな違いを生んできます。東京の真ん中で生まれ育った人と、北海道の広々とした農場で育った人とでは、できあがる脳内世界が違うのは当然のことでしょう。さらにいえば、アフリカの乾燥地帯で育ったり、北極圏の極寒の地で育ったりすれば、さらに大きな違いが生まれてきます。そして、それぞれが、自分の脳内世界をもとにしてものを考え、自分の行動を決めるわけですから、その行動に大きな違いが出てくるのは、当然のことなのです。

人間の肉体は、遺伝子のプログラムに従って生きています。ですから、どこで育っても、どこで暮らしても、毎日食事をするということは、すべての人間に共通しています。そして、口に入った食べものは、歯で咀嚼《そしゃく》されてから食道を通って胃に送られ、胃液によって消化されるというように、人間の肉体はすべて同じように動いています。つまり、肉体はすべて人類共通の動きをするのです。

ところが、口に入る食べものは、それぞれの地方、文化の違いによって変わります。日本では普通に食べられるタコを、悪魔の食べものと嫌う文化もあります。フランスでは好んで食べられるエスカルゴ（カタツムリ）ですが、日本ではあまり好まれません。昆

虫や昆虫の幼虫を、貴重なタンパク源として積極的に食べる文化圏もありますが、触るのも見るのも嫌いという人もいます。このように、食べるものはさまざまで、人類共通ということはありません。そして、何を食べるのが良くて、何を食べるのが悪いということはありません。

しかし、私たちは、自分がなじんだ食べ物を良しとして、慣れないものを変なもの、そんなものは人間の食べるものではないとさえ考えてしまいます。

またさらに、食べ方にも大きな違いがあります。その違いを見てみると、現在世界では、ヨーロッパやアメリカなどの、ナイフとフォークを使って食べる文化圏と、日本や中国などの、お箸を使って食べる文化圏と、インドなどの、手づかみで食べる文化圏と、大きく三つに分かれています。もちろん、どれが良くてどれが悪いということはありません。

ところが、お箸文化圏に育って、食べる作法にこだわる人から見れば、手づかみでご飯を食べるなんて信じられないということになりがちです。しかし、手づかみで食べるということにも、しっかりとした作法があり、明らかに文化的な行動なのです。ですから、どちらが良いとも、どちらが悪いともけっしていえません。

しかし、私たちは、自分になじみのある食べ方が一番良いように思ってしまって、その他のものを不作法に感じたり、人間的な行為ではないと批判したりしてしまうのです。

そのように、それぞれが自分の世界を基準にして行動し、他を批判することまでするようになったために、ただ生き方に悩むだけではなく、お互いを批判し争いが絶えないような存在にまでなってしまったのです。

③ 人間が獲得した、本質的な虚無を克服する方法

一 人間は、虚無を克服するために自己信頼の心を育てた

人間は、言葉を身につけたことで、本来的な生き方をうしない、それぞれに自分で生き方を決めていかなければならないという、本質的な虚無を内に抱えることになったのです。ところが、そのような、どのように生きていいのかわからないという状態のままでは、この複雑な世界を生ききることはできません。そこで人間は、この不確かな在り方、本質的な虚無を克服する方法を見つけなければならなくなったのです。そして、獲得したのが、「基本的信頼」とエリクソンが名づけた、自分の感性に対する信頼感を育てるという方法でした。

アメリカの精神分析家のエリクソン（一九〇二〜一九九四）は、人間の生涯にわたる精神的発達を、「八段階発達説」としてまとめました。そして、生まれてから一年の内に、

「基本的信頼」という心を獲得するといいました。

私たちが、この世の中を生き抜くために必要不可欠なものは、ことにあたってどのように行動するのかという、たしかな根拠を持つことです。さらに、苦しいことがあっても、投げ出さないでしっかりと生きていこうという前向きな気持ちです。このような、生きる根拠と前向きな気持ちの根源が、「基本的信頼」であるとエリクソンはいったのです。その「基本的信頼」は、生まれてから一年の間に、養育者の愛情にあふれた献身的な世話によって、赤ん坊の心に育てられるといわれます。

赤ん坊が生まれてきたときは、心の中は白紙状態です。その赤ん坊は、お腹がすいたり、おしめが濡れたりして、心地よくない気持ちになると泣き出します。すると、養育者がすぐに世話をしてくれて、ミルクを飲ませてくれたり、おしめを替えてくれて、心地よい気持ちになります。これが、何回も何回も繰り返されるうちに、「生まれてきたこの世界は、自分を大切にしてくれる人がいて、良いところのようだ。周りの人は、自分に親切で、一緒に生きていくのに頼りになる人々だ」というように、この世界と人々に対して「信頼感」を持つようになるというのです。この信頼感が、苦しいことがあっても投げ出さないで、前向きに生きていく心の元になるものだといわれます。

基本的信頼が、赤ん坊の心に育つことによって、自分に対する信頼、他人に対する信頼、世界に対する信頼が生まれて、この世界で周りの人と一緒に生きていくことを、ほんとうに素晴らしいこと、良いことと思えるようになり、そして、自分の人生を充実したものにしようと、誠実に前向きに生きていくことができるようになるといわれています。

自分の存在を大切なものと感じ、周りの人も共に尊いものと感じることを、より一般的には、「自尊感情」とか「自己信頼の心」といいます。この心が豊かに育っていれば、自分の人生を誠実に、さらに前向きに生きていくことができるのです。

人間は、虚無を本質とし、生き方が決まらず迷う存在なのですが、自尊感情や自己信頼の心がしっかりと育っていれば、自分自身の感性を根拠として、さらに周りの人を大切にしながら、人生を前向きに生きていくことができるのです。

たとえば、人間は共通の求愛行動というものをなくしてしまいました。そのために、どのようにしてパートナーになればいいのか、大いに悩むことになってしまいました。これが、本質的な虚無を抱えた状態です。ところが、自己信頼の心がしっかりと育っている人は、「こうするのが良いに違いない」と、自分の心に浮かんだものを、そのまま行動に移すことができるのです。それが、自己の感性を根拠にして行動するということです。自分の感性に対する信頼があるからこそ、「こうするのが良い」と心に浮かんだままを、そのまま行動に移すことができるのです。これができれば、どのようにすればいいのかと迷うことはなくなります。

それでは、自己信頼の心が育たない場合はどうなるのでしょう。「こうするのが良いに違いない」と、何かを思いつくところは同じです。ところが、自分の感性に信頼を持てないわけですから、すぐに、「こんなことでうまくいくはずがない」「ほかにいい方法があるに違いない」「こんなことをすれば、嫌われてしまうかもしれない」と、さまざまな否定的な思いが湧いてきて、どうすればいいのか決められなくなってしまうのです。

ところが、自己信頼の心があれば、本質的な虚無を抱えたままでも、自分の感性を根拠にして行動することができるのです。

しかし、その自己信頼の心は、エリクソンがいうように、生まれた後、それぞれが獲得していくもので、本来的に具わっているものではありません。ですから、自己信頼の心がしっかりと育っている人は、本質的な虚無を克服して、自分の感性を根拠として人生を前向きに歩むことができますが、自己信頼の心がしっかりと育たないと、「どのように生きればいいのかわからない」と、本質的な虚無をそのまま背負い、生き方に悩みながら人生を送ることになるのです。

二　自己信頼の心は、共感によって育てられる

人間は、言葉を持って考えるようになったために、本来的な生き方を持たない、本質的な虚無を抱えた存在になってしまいました。そこで、その虚無を克服する方法として、自己信頼の心を育てる道を見つけたのです。それでは、その自己信頼の心とは、具体的にはどのように育てられるものなのでしょう。

自己信頼の心を育てるものは、養育者の共感の心です。生まれてきた赤ん坊は、まだ言葉を話すことができません。ただ、心地いい、気持ちが悪い、お腹がすいたという気分に刺激されて、笑ったり、泣いたり、ぐずったりするだけです。ところが、人間の共感感情は、感情を直接感じるものですから、赤ん坊の気持ちをそのままに受け止めることができます。そこで、おしめが濡れて気持ちが悪いと赤ん坊が泣くと、養育者が飛んできて、「やだね、やだね、おしめが濡れて気持ちが悪いんだね。早く替えないとね」

と、赤ん坊の「気持ちが悪い」という感情を受け止めておしめを替えてくれるのです。

おしめを替えてもらった赤ん坊は、気持ちよくなってニコニコと笑います。それを見た養育者は、赤ん坊が喜んでいる気持ちを、共感感情によって受け止めます。そして自分も嬉しくなって、「気持ちよくなってよかったね、おしめ替えてよかったね」と、嬉しい気持ちに共感するのです。このように、共感感情とは、赤ん坊の嬉しい気持ちを受けて、自分の気持ちも嬉しくなり、赤ん坊の悲しい気持ち、切ない気持ちを受けて、自分の気持ちも悲しくなり、切なくなる心なのです。

このような、養育者の共感の心に包まれることで、赤ん坊の心に、自分の心におこる感情は、周りの人にわかってもらえる、心を繋ぐことができる感情だという気持ちが育っていきます。言葉を話せない赤ん坊ですが、養育者の「そうだね、そうだよ」と、自分の気持ちを受け止めてもらった心はしっかりと伝わってきます。このようにして、赤ん坊と養育者の共感による心の交流が繰り返されていくのです。

養育者の共感は、子育ての間ずっと続きます。満開の桜の花を見て、「ニッコリ」と笑った赤ん坊の気持ちを受け止めて、養育者が「きれいだね。桜の花きれいだね」といいながら、嬉しい気持ちを返してくれます。自分の気持ちがそのままに受け止められたことを実感した赤ん坊は、自分が桜の花を見て感じた気持ちは、養育者に受け止めてもらえる心だという実感を持ちます。

また、散歩に行って、自動車がけたたましくクラクションを鳴らしながら、勢いよく通り過ぎていったとき、びっくりして飛び上がるような驚きを感じます。その気持ちを、やはり養育者が受け止めて、「驚いたね、びっくりしたね、すごい勢いだったね」と、そのままを返してくれます。それによって、自分が感じた気持ちは、みんなと同じ気持ちなのだという実感を持つことになるのです。

このように、赤ん坊の心におこってくる感情を、すべて受け止めて「そうだね」と返してもらえることが繰り返されることで、赤ん坊はいろいろなことに出会って感じた自分の感情が、そのままわかってもらえる、心を繋ぐことができる、信頼していい気持ちであるという実感を深めていくのです。これが、三歳くらいまで続くことで、赤ん坊は自分の感情に対する信頼を持つことができるようになるのです。これが、自己信頼の心が豊かに育てられていく具体的なすがたです。

三歳まで、養育者の共感に包まれることが続きますが、三歳をこえると、躾《しつけ》が本格的にはじまりますから、すべてを受けいれてもらえることが少なくなってしまいます。ですから、自己信頼の心は、おおよそ三歳くらいまでに、その基礎ができると考えられています。

三　自己信頼の心が、本質的な虚無を克服する具体的なすがた

それでは、赤ん坊のときに育てられた自己信頼の心は、どのようなかたちで人間の本質的な虚無を克服していくのでしょう。そのことを、私が今までカウンセリングの中で観察してきたことをもとにして、詳しく見てみたいと思います。

自己信頼の心が豊かに育った人は、自分の感性と存在を、周りの人に受け止めてもらえる良いものだと信じることになります。それによって、自分がこの世に生まれてきたこと、自分が今ここに生きていることを、心の底から嬉しいこと、喜ばしいことと感じるようになるのです。同時に、自分の心におこってくる感情、自分が思いつくことは素晴らしいことで、それに従って生きれば必ずうまくいくと、心の底から信じることができます。ですから、ときに失敗したり、うまくいかないことが出てきたとしても、目の前の課題を克服すれば必ずうまくいくという思いを持ち続け、最後には思いどおりの成

果を手に入れることが多くなります。その結果、人間は頑張ればなんとかなる、できないのは頑張らないからだという教訓を、自分の信念とすることになるのです。

江戸時代の米沢藩主であった上杉鷹山《ようざん》の言葉に、

為せば成る、為さねば成らぬ何事も、成らぬは人の、為さぬなりけり。

という言葉があります。自己信頼の心が豊かな人は、この言葉をそのとおりだと心から信じて、常に前向きに頑張るという人生を送ることになるのです。

また、周りの人に対しても、信頼する気持ちが豊かにあります。ですから、共に生きていくことを、心から嬉しいと思っています。ときに喧嘩をすることがあったり、利害が対立するようなことがあったとしても、誠心誠意、心を尽くして話し合えば、必ずわかり合えると心から信じています。

しかし、実際には、人を殺してしまうような人もいますし、人を騙してもうけるような悪い人もいます。そのような人に対しては、たまたま育ち方が悪かっただけで、正しく教育すればみんな良い人になると考えます。また、悪い人は、ほんとうに例外的な少数にすぎないのだから、やはり人は本質的に信頼できるもので、共に生きていくことができるものだと考えるのです。

このように、自己信頼の心の豊かな人は、自分の感性に自信を持ち、周りの人と協力して、より良い世界を築いていこうと邁進するような人生を送ることになります。

自己信頼の心が豊かに育った人が、そのように全体を楽天的に考えられる裏には、事柄を肯定的に受け止める心があります。駅前に止めた自転車が盗られるようなことがあったとしても、「ずいぶん長く乗ったから、この際新しいのを買おう。盗られたのは良い機会だった」と、前向きに考えられるのです。ですから、鍵をかけておかなかったことを、後悔したりしません。ましてや、自転車を盗った人を恨むというようなことはないのです。

また、大学受験に失敗したとしても、これは未熟な自分に対する試練だと考え、夢を諦めずに頑張ればなんとかなると、次の日から頑張れるのです。進路指導をした高等学校の先生が、受験すべき大学を間違えたのだと恨んだり、第二志望の大学を、お金がもったいないと受験させてくれなかった親が悪いと愚痴をいったりすることがないのです。

このように、どのような状況でも、常に肯定的に考えて、愚痴をいったり、恨んだり、諦めたりする気持ちがないのです。そのような、根本的な発想があるために、すべてを楽天的に考えることができるのです。そして、後ろ向きになることがなく、夢を諦めることもないことから、やっぱり思いを成就する人生を送ることができるのです。

これが、自己信頼の心が豊かに育った人に共通している考え方です。このように、自分の感性を根拠にして、周りの人を良い人々と信頼し、この世の中を生きていく価値のある良い世界であると思うことを、人間は自己信頼の心によって身につけたのです。そしてその自己信頼の心を育てることで、言葉を身につけて本質的な虚無を抱えながらも、その虚無を克服して、自分の感性に従って行動することができるようになったのです。

四　自己信頼の心が支える前向きな人生

　私たち人間は、生まれてから三歳くらいまでの間に、自己信頼の心が育てられることで、本質的な虚無を克服して生きる道を獲得したのです。ただ、これは、自我意識がしっかりと形成される前の、心の深みに獲得されるものですから、それ以後、自己信頼の心そのものが自覚的に意識されることはありません。ただ、いろいろな場面で、前向きに考える思いとなってあらわれてきます。たとえば、

「生きているって、素晴らしいことだ」

「生まれてきて良かった」

「お母さん、私を産んでくれてありがとう」

というように、自分が生きていること、生まれてきたことを素直に喜ぶ心となってあらわれてきます。それによって、生まれることは無条件の喜びであり、亡くなることがこの上ない悲しみであるという心をしっかりと意識することになるのです。そして、生きることは当然であり、絶対に死んではいけない、命を与えられたことに感謝して生きて

いこうという思いを、しっかりと心に刻んで生きていくことになるのです。

また、生きていく中で、苦しみや悲しみに出会ったときには、自己信頼の心が、

「人間こんなことでへこたれちゃだめだ、頑張って前を向いて生きていこう」

「この苦しみを乗り越えれば、きっといいことが待っている」

というような、前に向かって生きようという意欲となってあらわれてくるのです。そのような前向きな心が、常に自分を励ましてくれることから、「もう死んだ方がましだ」とか「死んだら楽になれる」というような、自分の命を否定する気持ちがおきてこないのです。それによって、常に前向きに生きる人生が確保されるのです。

そしてまた、いろいろな人と仕事をしたり、お互いに助けたり助けられたりすることを繰り返す中では、自己信頼の心が、

「自分一人の力で生きていると思うのは、思い上がりだった」

「私は、良い友だちに恵まれて、みんなのお陰で生きていくことができたんだ」

「困った人を助けるのは、人間として当然のことだ」

「周りの人々の信頼を裏切らないように、誠実に生きていこう」

というような、みんなと手を取り合って生きていこうという心となってあらわれてきま

す。それによって、自分中心のわがままな心が抑えられ、お互いに助け合って生きることが良い生き方だという社会性が、確保されることになるのです。

このように、自己信頼の心は、ことにあたって、前向きで周りの人々と共に生きようという思いとなってあらわれてきます。その心に支えられ、励まされることで、常に前向きの人生を送ることができるのです。これが、自己信頼の心がしっかりと獲得され、本質的な虚無が克服されている具体的なすがたです。

あなたは、日ごろ、このような自己信頼の心からの呼びかけを、どれほど実感していますか。数多く感じられる人ほど、自己信頼の心が豊かな人です。

4 自己信頼の心の濃淡が生み出す、さまざまな人生のタイプ

一 生まれた後で獲得するために、濃淡ができる自己信頼の心

人間は、生まれてから後、養育者の共感に包まれることによって、自己信頼の心が育てられていきます。それはおよそ、三歳までの間に育てられるものです。

そして、その自己信頼の心が豊かに育てられた人は、自分の存在と自分の感性に対して強い自信を持ち、それによって、自分の感性を生きる根拠にすることができるようになるのです。その結果、生きることは素晴らしいことであり、周りの人は手を取り合って生きるに値する良い人々であり、この世界は、どのような苦しみに出会ったとしても、それを乗り越えて精一杯に生きるに値する良い世界であると、心の深層に確かな実感を刻みつけるのです。そして、それによって、常に前向きの人生を送ることになり、人間が根本に抱えた虚無を克服し、自分のありのままを堂々と生きて、充実した人生を開い

ていくことができるようになるのです。

しかし、自己信頼の心は、人生を前向きに方向づけるものではありますが、具体的なことにあたって、どのような選択や決断をするのかを決めるものではありません。どのような高校・大学に進学するのか、どのような職業に就くのか。どのような人と結婚しどのような家庭を築くのかというようなことは、言語と共に構築された脳内世界、学習と経験によって積み上げられた自己世界をもとにして、それぞれが決めていかなければなりません。

私たちが、一般的に人生と考えているのは、言葉を使って自分の意識で考えるようになった、三歳以後の生涯です。ところが、その生涯を方向づける自己信頼の心は、すでにそれ以前に育てられているのです。そして、その自己信頼の心の獲得され方の濃淡によって、学習や経験の積み重ね方の違いや、前向きの度合いの違いや、周りの人に対する信頼感の違いを生み、さまざまなタイプの人生を生み出すことになるのです。

自己信頼の心は、人間が本来的に持っていたものではありません。生まれてから後に、それぞれの養育環境の中で獲得されるものですから、その育ち方に濃淡があるのは当然のことです。そのように、それぞれが獲得した自己信頼の心に濃淡があるために、その後の人生にさまざまなタイプを生み出すことになるのです。
そのタイプは、大きく分けて、四つになります。

①自信にあふれて頼りになる前向きタイプ

自分に自信があり、決断に迷いがない。知識・経験も豊かで、決断の根拠が自己世界の中にしっかりと構築されていて、多くの場面で的確な判断ができる、頼りがいのある人。

②頼りなさがあるが前向きの楽天タイプ

自分に自信があり、決断に迷いがない。ただ、自己世界がしっかりと構築されていないために、現実的には誤った選択をすることがあり、人生が迷い多きものになる。ただ、間違ったり迷ったりしてもくじけることがなく、前向きさをうしなわない人。

③堅実・着実な人生を目指し、努力を怠らない努力家タイプ

自分に自信がないので、学習と経験によって自己世界をしっかりと構築して、堅実・着実に生きようと努力を続ける。生きる根拠を自分で確立し、自分らしい人生を極めようとする人。

④本質的な虚無を背負うタイプ

自分に自信がなく、自己世界をしっかりと構築することもできないことから、判断も選択も決断もできない。人間の本質的な虚無を克服することができず、その虚無を背負って生きることになる人。

このような、さまざまな人生のタイプが、現実には生まれることになります。それぞれの特徴を明らかにして、自己信頼の心の育ち方の濃淡が、人間の生き方をどのように変えるのかを見てみたいと思います。

二　さまざまな人生のタイプ

①自信にあふれて頼りになる前向きタイプ

「自信にあふれて頼りになる前向きタイプ」というのは、自己信頼の心が豊かに育っていて、人生に対する前向き度が一番高い人です。自分に対する信頼が極めて高く、自分の感性を根拠にして決断することに迷いがありません。職業を選択するときでも、「お菓子が好きだから、パティシエになろう」

「家の売買が面白そうだから、不動産屋になろう」

「南の国でのんびりしたいから、バリ島でカフェを開こう」

このように、自分の心に浮かんだ思いに素直に従って、人生を決めていくことができるのです。すべての場面で自分の気持ちに素直に従って行動することができるので、迷いや悩みが少ないのです。

ただ、自分の感性を根拠にして生きていくにしても、この複雑な現実世界を、それだけで生ききることはできません。そこで、さらに学習や経験を重ねて自己世界を豊かにしていかなければなりません。それについても、このタイプの人は、極めて前向きです。自分の人生をより豊かにしようと、学習と経験を積極的に積み重ねていきます。その結果、豊かな自己世界が構築され、さまざまなことに対して的確な判断と決断ができるようになるのです。

また、新しい課題や困難な課題に直面しても、それらを避けたり、そこから逃げたりすることがなく、真正面から取り組み、努力を重ねることで、それを克服するような人生を送ります。そのように、常に前向きに努力を重ね、自分の人生をより充実したものにしていきます。これが、「自信にあふれて頼りになる前向きタイプ」の人なのです。

ただ、このタイプの人は、自分に対する自信が極めて強く、自分が選択し歩んできた人生に対しても強い自負心があるために、自分中心の傾向が強くなり、他人を認めないようなことが多くなります。自分の意見や考え方が正しいと思い込む傾向が強いことから、他人の意見を聞き入れなかったり否定したりすることも多くなります。

②頼りなさがあるが前向きの楽天タイプ

「頼りなさがあるが前向きの楽天タイプ」というのは、自己信頼の心が豊かで、自分の感性に対する自信があり、人生はきっとうまくいく、何とかなるという自信がある人です。ところが、自分に対する自信だけでは、複雑な現実を歩みきることはできません。

そこで、いろいろなことにあたって、判断し選択し決断するためのたしかな根拠を、自己世界として作り上げなければなりません。ところが、このタイプの人は、難しいことを考えたり、緻密に考えてしっかりした計画を立てるということが苦手で、判断や決断の具体的な根拠となる自己世界を、しっかりと育てることができないのです。

自己世界が育たないと、自分がどのような仕事に就けばいいのか、どのような人と結婚するのかというようなことを決めることが難しくなります。そのために、いつまでもフラフラした感じが続き、落ち着きのない人生になりがちです。

自己世界がしっかりとできていない人で極端な場合は、自分の服を自分で買うことも、食堂に行って何を食べるのかも、自分で決めることができません。しかし、そのように何も決められなくても、自己信頼の心が豊かに育っていますから、常に楽天的で深く悩むことがありません。その意味では、本人にとっては極めて幸せな人生といえるわけです。

このタイプの人は、自分で考えることが苦手で、自分で何かを決めることができません。そのために、何かを決めなければならないときは、誰かに相談して決めることになります。極端な人になると、すべてを他人に決めてもらう人もいます。ですから、他人のいうことに従うことにストレスを感じることはありません。それどころか、きちんと指示を出してもらえないと、行動できないという人もいるのです。

このように、このタイプの人は、自分らしい生き方をするための根拠である自己世界を構築することができませんが、他人に相談したり他人の意見に従うことで人生をまっとうすることはできるのです。そして、その人生のすべてが、楽天的な気持ちに包まれているわけですから、やはり本質的な虚無を克服した生き方であるといえるでしょう。

ただ、自己信頼の心は、周りの人を信頼する心も豊かに育てます。だからこそ、他人に相談したり、他人の指示に素直に従うことができるのです。とはいえ、現実には周りに善い人ばかりがいるとは限りません。悪意を持って騙そうとしたり、いい加減なことをいう人もいるのです。ところが、自己世界がしっかりと育っていないこのタイプの人は、他人の意見の善悪や良否を的確に判断することができないのです。そのために、騙されたり乗せられたりすることも多くなり、人生がいよいよ迷い多きものになることがあるのです。

しかし、そのように迷い多き人生も、自分の感性を信じ、周りの人を信じる心によるものですから、本人は、やはり常に楽天的でいられるのです。

③堅実・着実な人生を目指し、努力を怠らない努力家タイプ

「堅実・着実な人生を目指し、努力を怠らない努力家タイプ」というのは、自己信頼の心が薄く、自分の感性や自分の決断に自信が持てません。そこで、生きるための根拠をたしかなものにするために、自己世界をしっかりと構築しようと、努力を重ねることになるのです。

このタイプの人は、自己信頼の心が薄いので、人生はきっとうまくいく、何とかなるという気持ちを持つことはできません。ですから、用心深く慎重に生きて、人生を踏みはずさないようにしないといけないと考えます。そして、堅実で着実な人生を生きるためには、常に努力を怠ってはいけないと考えます。

努力を続けることで、自己世界がしっかりとできてくると、ことにあたって判断し選択し決断することにだんだんと迷いがなくなり、的確な決断をすることができるようになります。その実感を持つことで、人間はいつまでも努力を続け、成長していかなければならないと考えることになるのです。

職業選択をするとき、自己信頼の心が豊かな人は、自分の感性に自信があるので、「お菓子が好きだから、パティシエになろう」

というように、自分の心に浮かんだ思いに素直に従って、そのまま決めていきます。しかし、自己信頼の心が薄い人は、心に浮かんだ思いだけでは決められません。

「ほんとうにパティシエになることができるのだろうか」

「パティシエになって、ほんとうに生活することができるのだろうか」

「パティシエの修業をしてもパティシエになれなかったら困るから、もっと堅実な仕事にしたほうがいいのかもしれない」

と、いろいろに考え、「パティシエになるのは、どうすればいいのか。どれほどの修行が必要なのか」とか、「お店を開業するのに、どれほどの資金が必要なのか」など、さまざまなことを調べ、検討を加えたうえで、最後の決断をすることになります。

このように、このタイプの人は心配性ですから、すぐに決断することはできないのですが、そのときにいろいろなことを調べて検討を加えることによって、自己世界は豊かなものになっていくのです。そのように、学習と経験を重ねていくことで、人生を迷いの少ないものにし、より充実したものにしていくのが、「堅実・着実な人生を目指し、努力を怠らない努力家タイプ」の人なのです。

ただ、このタイプの人は、人間は不断の努力によって人生を作り上げていくものだという信念がありますから、「適当でいいんじゃないか」と、成長することを目指さない人や、努力を怠る人を批判する傾向が強くなります。また、努力をする前から「私には無理、できない」と諦めてしまうような人も、強く非難することになります。その意味で、他人に対して厳しい一面があり、煙たがられることも多くなるのです。

④本質的な虚無を背負うタイプ

これまで説明してきた三つのタイプの人々、

①自信にあふれて頼りになる前向きタイプ
②頼りなさがあるが前向きの楽天タイプ
③堅実・着実な人生を目指し、努力を怠らない努力家タイプ

というのは、自己信頼の心を基礎として、自分の感性に対する自信を育てるか、自己世界を確立することによって、人間が抱えた本質的な虚無を克服することができた人々です。それによって、自分の力で自分らしい生き方を、それぞれに構築することができるようになったのです。

それに対して、「本質的な虚無を背負うタイプ」は、自己信頼の心が極めて薄く、自

分の感性に対する自信も、自分の存在に対する信頼も持つことができません。さらに、自分の感性に対して、自信がないどころか不信感すら持っていますから、自分の感性が自己世界を作る根拠になるとは思えないことから、自己世界を作ることにも前向きになれない人なのです。

自己信頼の心が極めて薄く、自分の感性に対する信頼感がないこのタイプの人は、自分の考えることはいい加減なことばかりで、自分が何かをしてもきっと失敗すると考えています。ですから、生きていることにも、何かをすることにも不安を感じてしまいます。そして、少しでも状況が悪くなると、すぐに死んでしまったほうがいいと考えてしまいます。そのために、目の前の苦しさを何としてでも克服しようという思いが湧いてこないのです。

それとは違って、自己信頼の心が豊かな人は、苦しいことに出会ったとしても、人生を肯定的・楽観的に考えることができるので、「これさえ乗り越えれば、きっとすべてがうまくいく」と、前向きに努力する力が湧いてくるのです。このように、前向きに生きていく力は、自己に対する信頼感、人生に対する信頼感から生まれてくるのです。

ですから、自己信頼の心が薄い人、さらに自己世界を構築できない人は、何事に対し

ても前向きに行動することができず、不安や迷いや心配を抱えているにもかかわらず、現状を変えることができないことになってしまうのです。

　またさらに、このタイプの人は、周りの人に対しても不信感を懐いています。周りの人を信用していませんから、自分を助けてくれる人がいるとは思いません。頼りになるのは自分だけだと思い込み、独りだけで孤独に頑張るのですが、それではなかなか成功に結びつきません。それでいよいよ、自分は駄目な人間だ、自分の人生は生きる意味がないと、自分を否定的に考えることになるのです。このように、全体を否定的に考えるのが、自己信頼の心が極めて薄い人なのです。

　このタイプの人の、具体的な行動を見てみましょう。たとえば、

「お菓子が好きだから、パティシエになりたい」と思ったとしても、「お菓子が好きだ」という思いが、何年もの厳しい修行に耐えられるほどたしかな思いなのかどうか、自分でも自信がなく、あやふやなものに思えるのです。

また、自分の服を買うような場合でも、自分に何が似合うのかもはっきりとわからず、さらには、どのような服が欲しいのかも、自分でしっかりと意識できないのです。そのために、自分の服を自分で買うことができません。

このように、何をするにしても、判断し決断するための根拠を自分の中に持たないというのが、「本質的な虚無を背負うタイプ」の人なのです。これが、本質的な虚無を克服することができず、その虚無を背負ったままに生きることになった人です。

三　本質的な虚無を克服した人間の自己中心的な生き方

人間は、言葉を身につけることで、考えることができるようになり、文化・文明を構築することができました。しかし、そのことによって、生き方が遺伝子のプログラムから切り離されることになり、生き方をそれぞれの自己世界で考えなければならなくなったのです。そのために人間は、人類に共通する本来的な生き方をうしない、本質的な虚無を抱えることになりました。

そこで人間は、その本質的な虚無を克服して生きる根拠を作るために、養育者の共感によって赤ん坊の心に自己信頼の心を育て、自分の感性を根拠に生きていく道を開いたのです。それによって、人間は、それぞれの自己世界を根拠にして生きていくことができるようになりました。しかし、それはあくまでも、生まれた後でそれぞれの養育環境の中で育てられるものであるために、自己信頼の心の育ち方に濃淡ができ、それによって生き方の根拠の作り方にも違いが出てきてしまいます。またさらに、自己信頼の心が薄く、本質的な虚無を克服する道を手に入れることができない人も出てくることになったのです。

また、自己信頼の心を育てることができた人は、それぞれの感性と自己世界を根拠として、それぞれの個性に合った人生を築いていくことになるのですが、それはあくまでも、それぞれの個性に合った生き方をするということで、自分中心の生き方にならざるをえないのです。

たとえば、人間は一生努力と精進を怠ってはならないという自己世界を作り上げた人は、その基準に従って生きていきます。そこで、その自分の基準に合わない人に対しては、「人間として間違った生き方だ」と批判することになりがちです。しかしそれは、その人が築き上げた世界での基準、正しい生き方であって、すべての人間に当てはまる絶対的な基準、絶対的な正しさではないのです。

ほかの世界を築いた人からすれば、それが絶対に正しいこととは思えません。たとえば、すべての人と仲良くすることが人間にとって一番大切なことだという基準を持った人は、人間の力には差があるのだから、努力や精進を他人に押しつけるようなことをしてはいけないと考えるでしょう。また、「努力しろ、精進しろ」と押しつけると、委縮して潰れてしまう人もいると思う人もいるでしょう。

そのように、いろいろな考え方が出てくるのは、それぞれが自分の個性に合わせて築き上げた自己世界を規準にして、「これが善《よ》い、これが悪い」と考えているからです。ですから、「これが善い、これが悪い」とそれぞれに主張することは、人間すべてに当てはまるような絶対的な基準ではないのです。

ですから、それぞれが生き方を見つけることができたとはいっても、その生き方というのは、どれが良いとも悪いともいえないもので、人間としての正しい生き方であると普遍化できるものではないのです。これが遺伝子のプログラムを離れて本来的な生き方をうしなった人間が、新たに開いてきた生き方の特徴です。

四　本質的な虚無を克服できない人に救いの道はあるのか

本質的な虚無を克服できた人は、迷いながら、周りといさかいをしながらでも、自分らしい人生を開くことができるようになりました。ところが、本質的な虚無を克服できなかった人は、どのように生きていいのかも、自分が何をしたいのかも、何のために生き続けなければならないのかもわからないまま、命を長らえなければならなくなったのです。これが、言葉を持ったことで人間が抱えることになった本質的な虚無を、そのままに背負って生きることになった人のすがたです。人間以外の動物は、遺伝子のプログラムに従って生涯をまっとうしますから、このような悩みはけっして生まれません。

このように、本質的な虚無を背負って生きる人は、自分の人生を築くどころか、選ぶことすらできません。なぜかというと、自己世界がしっかりと構築できていないために、どのような生き方を示されても、それが自分に合うのか合わないのかがわからないからです。そのために、どのような仕事に就いたとしても、気を入れて続けることができません。そこで、周りの人は、「自分のしたいことをすればいい」と勧めるのですが、自分のしたいことが自分でもわからないのですから、何もすることができません。

生きながら生き方がわからないという、深い悩みを抱えるのが、本質的な虚無を克服できない人です。このような人間としての本質的な悩みを抱えた人が救われる道はあるのでしょうか。あるとすれば、どのようなかたちで救われるのでしょうか。

親鸞聖人は、他力念仏の教えによって、罪悪深重の凡夫が凡夫のままで救われると説かれています。その他力念仏の教えは、このような、人間としての本質的な虚無に足をとられ、さらに自分の力ではどうすることもできずに悩みを深めている人を、そのままに救うと説かれるのですが、それはどのようなかたちで実現するのでしょう。

5 罪悪深重の凡夫の救いを開かれた親鸞聖人の求道

一 比叡山での修行に挫折して、法然上人のもとに

親鸞聖人は、比叡山での修行からはじまって、他力念仏の教えに行きつかれました。その求道《ぐどう》の歩みの中で、凡夫としての自覚を深められ、ついには、罪悪深重の凡夫の救いを開かれたのです。そこで、まず親鸞聖人の求道の歩みをたどり、その歩みの中で何が課題となり、最後にどのような世界を開かれたのかを考えてみたいと思います。

親鸞聖人は、九歳で得度され、比叡山に登って仏道修行の生活に入られました。『恵信尼消息』には、

殿の比叡《ひえ》の山《やま》に堂僧《どうそう》つとめておわしましけるが、（聖典六一八頁）

とありますので、比叡山では常行三昧堂《じょうぎょうざんまいどう》での堂僧をされていたようです。そのようにして、およそ二十年の修行をされたのですが、悟りに至る道を見つけることができなか

ったのです。
それで、二十九歳のときに六角堂に参籠《さんろう》され、救世《くせ》菩薩の夢告《むこく》をうけられました。

『恵信尼消息』には、

　山《やま》を出《い》でて、六角《かく》堂《どう》に百日こもらせ給いて、後世《ごせ》を祈《いの》らせ給いけるに、九十五日のあか月、聖徳太子《しょうとくたいし》の文《もん》をむすびて、示現《じげん》にあずからせ給いて候いければ、やがてそのあか月、出《い》でさせ給いて、後世《ごせ》の助《たす》からんずる縁《えん》にあいまいらせんと、たずねまいらせて、法然《ほうねん》上人にあいまいらせて、

（聖典六一六頁）

とあります。親鸞聖人は、「後世の助からんずる縁」を求めて、法然上人の吉水《よしみず》の禅坊をたずねられたのです。そしてそこで、

　後世《ごせ》の事は、善《よ》き人にも悪《あ》しきにも、同《おな》じように、生死《しょうじ》出《い》ずべきみちをば、ただ一筋《すじ》に仰《おお》せられ候いしをうけ給わりさだめて候いしかば、

（『恵信尼消息』聖典六一六～六一七頁）

といわれるように、「生死出ずべきみち」を説かれる法然上人の仰せを聞かれて、念仏の道に入られたのです。親鸞聖人は、法然上人によって、たしかな「生死出ずべきみち」、つまり迷いの世界を出る道としての念仏の教えに出会われたのです。

『教行信証』の「総序」には、

円融《えんゆう》至徳の嘉号《かごう》は、悪を転じて徳を成《な》す正智《しょうち》、難信金剛《こんごう》の信楽《しんぎょう》は、疑いを除き証《さとり》を獲《え》しむる真理なりと。しかれば、凡小《ぼんしょう》修し易《やす》き真教、愚鈍《ぐどん》往き易《やす》き捷径《せっけい》なり。

（聖典一四九頁）

といわれています。親鸞聖人は、念仏の道を、「凡小修し易き真教、愚鈍往き易き捷径」といわれています。つまり、凡夫といわれる人間が、たしかに真実の世界に至ることができる道だといわれているのです。

これまで、比叡山では、『法華経』の教えこそが、もっとも優れた教えであると教えられ、親鸞聖人は、その教えに従って悟りを開こうと修行されていたわけです。ところが、修行を遂げ果たす能力がなく、深淵な学理を理解する能力もないために、ついに迷いの世界を出ることができなかったのです。

そのように、自分の能力に絶望された親鸞聖人が、念仏の教えに出会って、これこそが「凡小修し易き真教、愚鈍往き易き捷径」であると、自分にとっての有縁《うえん》の法であると、確信されたのです。

善導大師は、「散善義」で、

諸仏の教行数塵沙《かずじんじゃ》に越《こ》えたり、（中略）これらのごときの事、ことごとく「待対の法」と名づく。すなわち目に見つべし。千差万別なり。

（「信巻」聖典二一八頁）

と説かれています。諸仏の教・行の数が塵沙を超えて説かれるのは、「待対の法」として、それぞれの人間にぴったりする道を説こうとされた結果です。人間の個性は千差万別であるために、「待対の法」を説こうとすると、「教行の数が塵沙を超えた」ということなのです。

このように、仏教では、人間には千差万別の個性があるのだから、それぞれに道を見つけなければならないと説かれるのです。そして、正しい道を歩むのに重要なことは、自分に合った道を見つけることだといわれます。善導大師は、「散善義」で、

我が所愛は、すなわちこれ我が有縁の行なり、すなわち汝《なんじ》が所求《しょぐ》にあらず。汝《なんじ》が所愛は、すなわちこれ汝《なんじ》が有縁《うえん》の行なり、また我が所求《しょぐ》にあらず。このゆえにおのおの所楽《しょぎょう》に随《したが》いてその行を修《しゅ》するは、必ず疾《と》く解脱《げだつ》を得《う》るなり。

（「信巻」聖典二一八～二一九頁）

と説かれています。

すべての人間に共通する、正しい道というものはないのです。すべての人間が立ち返

るべき、本来的な道というものもないのです。それが、虚無・無明を本質とする人間の在り方なのです。そのために、それぞれに自分の有縁の法を見つけて、その有縁の道を歩むことで、それぞれに意義のある人生を開くことができるといわれるのです。

そこで、親鸞聖人は、

心昏《くら》く識寡《さとりすく》なく、悪重く障《さわり》多きもの、特《こと》に如来の発遣《はっけん》を仰ぎ、必ず最勝の直道《じきどう》に帰して、専らこの行《ぎょう》に奉《つか》え、ただこの信を崇《あが》めよ。

（「総序」聖典一四九頁）

と、凡夫といわれるものは念仏の道を歩むべきだと、「専らこの行に奉え、ただこの信を崇めよ」と、力を込めて説かれるのです。

二　有縁の法に対する不審の心

法然上人によって、念仏という有縁の教えに出会われた親鸞聖人は、

親鸞《しんらん》におきては、ただ念仏して、弥陀《みだ》にたすけられまいらすべしと、よきひとのおおせをかぶ《(蒙)》りて、信ずるほかに別の子細《しさい》なきなり。（中略）たとい、法然聖人《ほうねんしょうにん》にすかされまいらせて、念仏して地獄《じごく》におちたりとも、さらに後悔《こうかい》すべからずそうろう。

（『歎異抄』聖典六二七頁）

と、念仏の道と法然上人に対するゆるぎない信頼を明らかにされているのです。

吉水入室から六年後、親鸞聖人が三十五歳のとき、専修《せんじゅ》念仏が禁止されて、法然上人は土佐国に流罪となり、親鸞聖人も、法然上人の高弟の一人として越後国に流罪となりました。このことからも、法然上人と共に念仏の教えを精力的に広めておられたことがわかります。

また、流罪が許された後、関東に移住され、そこでも精力的に念仏の教えを布教されて、多くの念仏者を生み出しておられます。このことから考えれば、念仏の教えが親鸞

聖人にとっての有縁の法であったことは間違いありません。
ところが、一方で、親鸞聖人は、

悲しきかな、愚禿鸞《ぐとくらん》、愛欲の広海に沈没《ちんもつ》し、名利《みょうり》の太山《たいせん》に迷惑《めいわく》して、定聚《じょうじゅ》の数《かず》に入《い》ることを喜ばず、真証の証に近づくことを快《たの》しまざることを、恥《は》ずべし、傷《いた》むべし、と。

(『教行信証』「信巻」聖典二五一頁)

といわれ、また『歎異抄』では、

浄土《じょうど》へいそぎまいりたきこころのなくて、いささか所労《しょろう》のこともあれば、死なんずるやらんとこころぼそくおぼゆることも、煩悩《ぼんのう》の所為《しょい》なり。久遠劫《くおんごう》よりいままで流《る》転《てん》せる苦悩の旧里《きゅうり》はすてがたく、いまだうまれざる安養の浄土《じょうど》はこいしからずそうろうこと、まことに、よくよく煩悩《ぼんのう》の興盛《こうじょう》にそうろうにこそ。

(聖典六二九～六三〇頁)

と、浄土に往生することを心の底から喜べない気持ちのあることを、正直に告白しておられるのです。

蓮如上人は、『御文』で、
法然聖人《ほうねんしょうにん》の御詞《おんことば》にいわく「浄土《じょうど》をねがう行人《ぎょうにん》は、病患《びょうげん》をえて、ひとえにこれをたのしむ」（伝通記糅鈔）とこそおおせられたり。しかれども、あながちに病患《びょうげん》をよろこぶこころ、さらにもって、おこらず。あさましき身なり。はずべし、かなしむべきものか。

（四帖目第十三通、聖典八二九〜八三〇頁）

といわれています。これによると、法然上人は、病気になったとき、「これで浄土往生が近くなった」と喜んでおられたということなのです。それに比べて、蓮如上人自身は、「あながちに病患をよろこぶこころ、さらにもって、おこらず。あさましき身なり。はずべし、かなしむべきものか」と、浄土に往生することを心待ちにする気持ちがおきないと告白されているのです。この蓮如上人の告白は、親鸞聖人と同じ心境を語られたものです。そしてそれは、けっして法然上人と同じように、浄土往生を心から喜ぶ心境ではありません。

浄土往生の道は、親鸞聖人にとって、ようやくに出会えたはずの有縁の法なのです。ところが、そのすべてを心の底から受けいれて、ゆるぎない喜びの心境を得られたということではないのです。そこには、受けいれきれない、不審の気持ちを残しておられるのです。そのことを、親鸞聖人は、「恥ずべし、傷むべし」と告白され、蓮如上人は、「あさましき身なり。はずべし、かなしむべきものか」といわれているのです。

さらに、念仏を称えることについても、

念仏は、まことに浄土《じょうど》にうまるるたねにてやはんべるらん、また、地獄《じごく》におつべき業《ごう》にてやはんべるらん。総《そう》じてもって存知せざるなり。

（『歎異抄』聖典六二七頁）

といわれています。これは、『歎異抄』の「後序」で、

聖人《しょうにん》のおおせには、「善悪のふたつ総じてもって存知《ぞんじ》せざるなり。そのゆえは、如《にょ》来《らい》の御《おん》こころによしとおぼしめすほどにしりとおしたらばこそ、よきをしりたるにてもあらめ、如来《にょらい》のあしとおぼしめすほどにしりとおしたらばこそ、あしさをしりたるにてもあらめど、

（聖典六四〇頁）

といわれていますが、その「善悪のふたつ総じてもって存知せざるなり」といわれることと同じいい方です。つまり、阿弥陀仏のようにすべての善と悪を知っているわけではないので、これが善だこれが悪だと確信を持っていうことはできないといわれているのです。

それと同じですから、凡夫である私は、阿弥陀仏のように浄土や地獄についてすべてを知っているわけではない。だから、念仏すれば必ず浄土に往生できるかどうか、確信を持っていうことはできないということです。このように、念仏を称えるということに

ついても、確信があるわけではないと告白されているのです。

また、『歎異抄』にある唯円との問答では、

「念仏もうしそうらえども、踊躍歓喜《ゆやくかんぎ》のこころおろそかにそうろうこと、またいそぎ浄土《じょうど》へまいりたきこころのそうらわぬは、いかにとそうろうべきことにてそうろうやらん」と、もうしいれてそうらいしかば、「親鸞《しんらん》もこの不審《ふしん》ありつるに、唯円房《ゆいえんぼう》おなじこころにてありけり。」

（聖典六二九頁）

といわれています。有縁の法に出会ったはずなのに、それがゆるぎない確信にならないという不審の心境が、ここでも告白されているのです。

このような有縁の法に対する不審は、よくよく案じみれば、天におどり地におどる

ほどによろこぶべきことを、よろこばぬにて、いよいよ往生は一定とおもいたまうべきなり。よろこぶべきこころをおさえて、よろこばせざるは、煩悩《ぼんのう》の所為《しょい》なり。

（『歎異抄』聖典六二九頁）

と、なくなることのない煩悩が原因だといわれるのです。その煩悩の根本は無明です。無明を本質とする凡夫は、正しい道に出会っても、それを素直に正しい道と信じる智慧を持たないのです。それを「煩悩の所為」といわれるのです。

虚無・無明を本質とする凡夫は、本来的な生き方をなくし、それぞれが独自の脳内世界を築いて、それを根拠にして生きていく存在です。ですから、仏教では、それぞれの個性に合わせて、八万四千の法門が説かれ、有縁の法によって充実した人生を開くようにと教えられているのです。

それで、それぞれが有縁の法を探すことになるのですが、たとえ有縁の法に出会ったとしても、それがすべて自分の個性に合致するわけではありません。有縁の法であると受けいれたとしても、自分の感性にすべてが合うわけではありません。ですから、すべてをそのとおりだと信じきることができないのです。自分の感性に合わない部分が、不審として残るのです。このような不審が残るのは、人間が虚無・無明を根本とするからです。その人間の虚無・無明に立たれた親鸞聖人が、自らの心におこってきた不審を正直に告白されているということです。

三　罪悪深重の凡夫の自覚は、本質的な虚無・無明の自覚

親鸞聖人は、法然上人のもとで、五逆・十悪を作る凡夫までが、唯一救われるという、他力念仏の教えに出会われたのです。そしてそれを、自らにとっての有縁の法と選びとられ、精力的に布教までされているのです。

ところが、その有縁の法に、親鸞聖人は不審の思いを持たれ、「南無阿弥陀仏」と一声念仏を称えれば浄土に往生できるという教えを、心の底から信じきることができないといわれているのです。これは何を意味するのでしょう。

人間は、本質的な虚無・無明を克服する方法として、自己信頼の心を育てました。その自己信頼の心が豊かに育った人は、自分の道を見つけることができるようになりました。しかしそれは、それぞれの感性をもとにして見つける道であって、いい方を変えれば、それぞれに自分の道が良いと思い込むことで成りたっているのです。ですから、自

己信頼の心というのは、自分が有縁の法に出会ったときに、これこそが自分の生きる道であり、間違いのない道だと信じきる力を育てたのです。そのために、多くの人は、自分なりの道を見つけ、それぞれの人生をしっかりと築き上げることができるようになりました。

ところが、自己信頼の心が薄い人は、有縁の法に出会ったとしても、それが自分の道だと思い込むことができないのです。自分の感性に自信が持てないので、「良い道だ」とは感じても、それを信じきることができません。それが、本質的な虚無・無明をそのまま背負ってしまって、自分の感性を信じきることができないすがたです。

親鸞聖人は、「善悪のふたつ総じてもって存知せざるなり」といわれていますが、何が善いことで、何が悪いことかを正しく知ることができないというのが、虚無・無明を本質とする人間の真実のすがたです。その人間が、これこそが正しい道だと信じきることができるということは、すべて思い込みのなせる業でしかないのです。

その思い込む力を、自己信頼の心は育てたのです。しかし親鸞聖人は、その思い込みの世界にとどまることができず、虚無・無明の世界に下りていかれました。これはまさに、虚無・無明を背負って生きる人と同じ世界に下りられたということです。そしてその立場から、その人間がありのままで救われる道を他力信心の道として開かれたのです。

ではその他力信心の救いというのは、どのような世界で、どのように実感されるものなのでしょうか。

6 虚無・無明を背負う人間を救う他力の悲願

一 罪悪深重の衆生をたすけんがための他力の悲願

たとえ有縁の法に出会ったとしても、その法に心を定めることができず、さまざまな疑いや迷いに揺れてしまうのが、虚無・無明を本質とする人間です。根本に虚無・無明を抱えることから、信じようとしても必ず不審が生まれ、ゆるぎなく信じることができないのです。

そのような迷いを残したままで、念仏を称えたとしても、ほんとうに救われることができるのか。親鸞聖人はこのような不審を消し去ることができなかったのです。だからこそ、

親鸞《しんらん》もこの不審《ふしん》ありつるに、唯円房《ゆいえんぼう》おなじこころにてありけり。

（『歎異抄』聖典六二九頁）

と、唯円に答えられたのでしょう。

ところが、唯円にそのように答えられた後、親鸞聖人は、

しかるに仏かねてしろしめして、煩悩具足《ぼんのうぐそく》の凡夫《ぼんぶ》とおおせられたることなれば、他力の悲願は、かくのごときのわれらがためなりけりとしられて、いよいよたのもしくおぼゆるなり。

（『歎異抄』聖典六二九頁）

といわれるのです。つまり、有縁の法に出会っても、不審の心がなくならず、いつまでも迷いながら生きていかなくてはならないというのが、人間の本質的なすがただということを、阿弥陀仏はすでにご存じだといわれるのです。そのような、不審をぬぐえない人間を救われるのが、阿弥陀仏の他力の悲願なのだから、「念仏を喜べないような私たち」こそが、阿弥陀仏の本願によって救われると確信できるといわれ、それで最後に、「いよいよたのもしくおぼゆるなり」と、力強くいいきられているのです。

また、続いて、

いそぎまいりたきこころのなきものを、ことにあわれみたまうなり。これにつけてこそ、いよいよ大悲大願はたのもしく、往生は決定《けつじょう》と存じそうらえ。踊躍歓喜《ゆやくかんぎ》のこころもあり、いそぎ浄土《じょうど》へもまいりたくそうらわんには、煩悩《ぼんのう》のなきやらんと、あ

やしくそうらいなまし」と云々

（『歎異抄』聖典六三〇頁）

このように、不審や迷いが最後までなくならない人間を「ことにあわれみたまう」のが、阿弥陀仏の大悲大願であるといわれます。

親鸞聖人は、不審や迷いがなくなることがない人間のありのままを「仏かねてしろしめして、煩悩具足の凡夫とおおせられた」と、阿弥陀仏の大慈悲の意味を受け止められたのです。その受け止めが、親鸞聖人の他力信心の本質なのです。ですから、他力信心というのは、この道で間違いがないと確信を持つようなものではなく、これを信じればいいのだという思い込みの心でもないのです。

『歎異抄』第一条には、

罪悪深重《じんじゅう》煩悩熾盛《ぼんのうしじょう》の衆生《しゅじょう》をたすけんがため

の願《がん》にてまします。

（聖典六二六頁）

と、明快に説かれています。疑い、迷い、定まらない心を持ち、真実の生き方ができない人間が、「罪悪深重煩悩熾盛の衆生」なのです。その人間のままで救うと誓われたのが、阿弥陀仏の誓願であるといわれているのです。

二　親鸞聖人の他力の悲願の受け止めの特徴

親鸞聖人は、阿弥陀仏の他力の悲願は、凡夫を凡夫のままで救われるものであると受け止められました。それを、

罪悪深重《じんじゅう》煩悩熾盛《ぼんのうしじょう》の衆生《しゅじょう》をたすけんがための願《がん》にてまします。

（『歎異抄』聖典六二六頁）

と表現されているのです。

その親鸞聖人の受け止めの独自性を明らかにするために、法然門下で同じように他力念仏を説く、鎮西《ちんぜい》派と西山《せいざん》派の受け止め方を見てみたいと思います。

鎮西派では、阿弥陀仏の他力のはたらきを、「他力増上縁」と受け止めています。浄

土に往生するためには、真実功徳の因が必要です。親鸞聖人や西山派の証空上人は、凡夫には真実功徳は一切ないといいきられています。それに対して、鎮西派では、少しではあるけれど、凡夫にも浄土に往生するための真実功徳があるとします。しかし、その真実功徳は、真実報土である極楽浄土に往生するほど大きくもたしかなものでもないために、それだけでは浄土に往生できない。そのような凡夫を助けるために、阿弥陀仏が、凡夫の真実功徳を「増上」して、浄土往生が可能なほどにたしかな功徳にしてくださるというのが、「他力増上縁」という他力の受け止めです。

そのような、「他力増上縁」の阿弥陀仏の他力のはたらきを信じて、念仏を称え功徳を積めば、浄土往生は必ずできるということです。さらに、自分でできる功徳を多く積めば、下品下生《げぼんげしょう》の往生ではなく、中品上生《ちゅうぼんじょうしょう》の往生も、上品《じょうぼん》上生の往生もできるといわれます。ですから、この世では、できるだけ多くの念仏を、心を込めて称えることが、私たちにとって重要な務めとなるのです。

このように、鎮西派では、阿弥陀仏の「他力増上縁」のはたらきを信じることが、他力の悲願の正しい受け止めになるのです。

それに対して、西山派では、「帰命の一念に成就する仏体即行」を説かれます。西山派では、凡夫に真実功徳はないし、いかなる行為も真実功徳とはならないとされます。これは、親鸞聖人と同じ立場です。真実功徳を積めない凡夫は、浄土に往生するための真実の因を、持つことも作ることもできません。

それでは、凡夫がどのようにして浄土に往生できるのかというと、阿弥陀仏が、念仏を称える衆生を必ず浄土に往生させると誓われた本願が、すでに十劫の昔に成就しているからです。阿弥陀仏の本願がすでに成就しているのだから、私たちが念仏を称えれば必ず浄土に往生できることを深く信じて、阿弥陀仏に帰命しなさいと説かれます。この帰命の一念が成りたったとき、その帰命の一念に阿弥陀仏が成就され、その「帰命の一念に成就された仏体」そのものが、浄土往生のための真実の因となる。そのように、仏体そのものが往生の行となって、凡夫が往生することができるというのが、「仏体即行」ということです。

「帰命の一念に成就した仏体」というのは、凡夫に成就するものですが、凡夫の外にあるものですから、私たちの実態が真実の仏に変わるわけでも、真実が凡夫の内実に浸透してくることもないとされます。その意味では、凡夫は最後まで真実功徳のない凡夫のままなのです。

西山派では、阿弥陀仏の本願が成就していることを信じて、帰命の一念をおこせば、それ以後は「仏体即行」で、阿弥陀仏のひとりばたらきで往生できると説かれるのです。往生のために、凡夫は何もする必要はないので、まさに他力往生です。ただ、浄土往生には九品の往生があることから、少しでも良い往生をするために、凡夫にできる功徳をこの世において積むべきであると説かれます。

このように、西山派では、「帰命の一念に成就する仏体即行」という、阿弥陀仏のひとりばたらきを信じることが、他力の悲願の正しい受け止めということになるのです。

このように、鎮西派も西山派も、阿弥陀仏のはたらきが、たしかにあることを信じることが、「信」の内容になっているのです。

それに対して、親鸞聖人の場合は、

「念仏もうしそうらえども、踊躍歓喜《ゆやくかんぎ》のこころおろそかにそうろうこと、またいそぎ浄土《じょうど》へまいりたきこころのそうらわぬは、いかにとそうろうべきことにてそうろうやらん」と、もうしいれてそうらいしかば、「親鸞《しんらん》もこの不審《ふしん》ありつるに、唯円房《ゆいえんぼう》おなじこころにてありけり。」

（『歎異抄』聖典六二九頁）

とあるように、阿弥陀仏のはたらきによって浄土往生がたしかであるということが、確

信となっているわけではないのです。そうではなくて、

「いそぎまいりたきこころのなきものを、ことにあわれみたまうなり。これにつけてこそ、いよいよ大悲大願はたのもしく、往生は決定《けつじょう》と存じそうらえ。踊躍歓喜《ゆやくかんぎ》のこころもあり、いそぎ浄土《じょうど》へもまいりたくそうらわんには、煩悩《ぼんのう》のなきやらんと、あやしくそうらいなまし」と云々

（『歎異抄』聖典六三〇頁）

といわれるように、阿弥陀仏のはたらきをゆるぎなく信じることができない凡夫であるということを、すでに見通されているのが他力の悲願であり、信じることもできない凡夫を、凡夫のままで救うと誓われたのが、他力の悲願であると受け止められているのです。

言葉を換えていえば、阿弥陀仏は、「凡夫を助ける私のはたらきを信じなさい」と教えられるのではなく、「念仏を称えることも、仏のはたらきを信じることもできない凡夫だから、凡夫のままに摂取不捨して、浄土に迎えとる」と呼びかけられているということです。

これは、凡夫はどのようにしても真実功徳を積むことができない存在だといいきられているということです。さらに、ゆるぎない信を持つこともできず、迷いと悩みの中で

生涯をすごすしかないといいきられているということです。そのような凡夫でしかないということを、いいあてられた他力の悲願を、親鸞聖人は我が身を振り返って、「そのとおりです」と受け止められたのです。そして、そのように正しくいいあてられた他力の悲願に対する信頼がたしかになり、

「いそぎまいりたきこころのなきものを、ことにあわれみたまうなり。これにつけてこそ、いよいよ大悲大願はたのもしく、往生は決定《けつじょう》と存じそうらえ。」

（『歎異抄』聖典六三〇頁）

と、往生決定の思いがたしかになったということなのです。

三　他力の悲願の共感による受け止め

罪悪深重《じんじゅう》煩悩熾盛《ぼんのうしじょう》の衆生《しゅじょう》をたすけんがための願《がん》にてまします。

（『歎異抄』聖典六二六頁）

と、凡夫が凡夫のままで助けられるのが他力の悲願であると、親鸞聖人は受け止められました。

凡夫のままとは、真実の功徳を行じることも、ゆるぎない信を持つこともできない存在のままでということです。このような、他力の悲願の発見は、定善《じょうぜん》・散善《さんぜん》を行じようとして行じきることができず、

常没《じょうもつ》の凡愚《ぼんぐ》、定心《じょうしん》修しがたし、息慮凝心《そくりょぎょうしん》のゆえに。散心《さんしん》行じがたし、廃悪修善《はいあくしゅぜん》のゆえに。

（『教行信証』「化身土巻」聖典三四〇頁）

と告白される、親鸞聖人の歩みの中からなされたものであることは間違いがありません。ただ、凡夫が凡夫のままでしかないというのは、どのようにしても真実功徳を積むことができない存在だといいきられ、さらにゆるぎない信を持つこともできず、迷いと悩みの中で生涯をすごすしかないといいきられるということなのです。そのような事実を受けいれることが、どうして救いに結びつくのかが、問題なのです。

今ふうにいい換えると、「勉強もできないし、仕事も満足にできない。自分が何をしたいかもわからず、迷いと不安の中で人生を送るしかない」といいきられたようなものです。そしてそれを、「そのとおりです。そんな私でしかありません」と認めたようなものなのです。これでどうして、「助かった」といえるのでしょう。

それでは、親鸞聖人は、このような他力の悲願の受け止めによって、どのような救い

を実感されたのでしょう。

親鸞聖人は、最初は、鎮西派が説くように、浄土往生の因となりうるような真実を、自分の中に見つけようとされたのです。ところが、虚無・無明を本質とする人間は、どれほど窮めても真実功徳を成就することはできないのです。ですから、ついに自分の中に真実と呼べるものを見つけることはできませんでした。そのとき、阿弥陀仏は、「そうなんだ、それが凡夫なんだ」と教えられたのです。

真実を自分のうちに見つけることができなかった親鸞聖人は、次に、西山派のように、阿弥陀仏のはたらきをゆらぐことなく信じようとされたのです。ところが、虚無・無明を本質とする人間は、浄土や地獄を、また仏のはたらきというものを、ゆらぐことなく信じることなどできないのです。そのときもまた、阿弥陀仏は、「そうなんだ、それが凡夫なんだ」と教えられたのです。そのとき、親鸞聖人は、自分の凡夫の心のままを、すべて受けいれてもらえる心として、他力の悲願を感じられたのです。自分の心に浮かんでくる感情を、すべて「そうだね」と受けいれてもらえる心を、阿弥陀仏の他力の悲願に感じられたのです。

凡夫の心におこってくる、迷いや不審や愚痴や絶望のすべてを、「そうだね、そんな

心がおこってくるよね。それが凡夫だからね」と受け止めてもらえる、阿弥陀仏の大慈悲心を実感されたとき、凡夫の心を、そのまま根拠にして生きていくことのできる、自己信頼の心の世界が開けてきたのです。

阿弥陀仏の他力の悲願による摂取不捨は、赤ん坊が、自分の心におこってくる感情のすべてを、養育者によって「そうだね」と受けいれてもらえる世界の再現だったのです。それによって親鸞聖人は、自己信頼の心を回復され、自分の感性と自己世界を根拠にして生きていく世界を開かれたのです。

自己信頼の心の世界は、親鸞聖人が特殊に開かれた世界ではありません。虚無・無明を本質とする人間が、その虚無・無明を克服する道として、すでに開いていた世界であり、親鸞聖人は、阿弥陀仏の大慈悲による摂取不捨によって、心の奥底に沈んでいた自己信頼の心の世界を回復されたということなのです。

自己信頼の心は、乳児期に養育者の共感に包まれることによって、その基礎が作られます。しかし、その自己信頼の心が豊かに育たない場合は、本質的な虚無・無明を背負ってしまうことになります。しかし、豊かに育たなかったとはいえ、まったくないわけではありません。その極めて希薄な自己信頼の心が、阿弥陀仏の大慈悲に摂取されることによって、回復して意識化されたのです。

自己信頼の心は、自分の力で回復することはできません。自己信頼の心は、養育者の共感に包まれることで育てられるものですから、自己信頼の心の回復ということも、他者の共感に包まれることによってしか実現しないのです。

言葉を換えていえば、阿弥陀仏の絶対平等の大慈悲に摂取されるというような、他者による無条件の受容がなければ回復しないということです。そのような、自己信頼の心の回復の道を親鸞聖人が明らかにされ、凡夫のままの救いの道を開かれたということなのです。

7 他力信心の救いを実感する

一　自己信頼の心を開く他力信心の救いの世界

親鸞聖人が、他力信心の救いを開かれた求道の歩みは、人間が本質的な虚無・無明を克服するために歩んだ道をなぞられたような歩みです。

親鸞聖人は、最初に真実の生き方を確立しようとされました。それが、悟りを目指しての仏道修行です。ところが、真実を自己の内に成就することはできませんでした。この段階で、虚無・無明を本質とする人間の自覚を持たれたのです。

そこからは、人間が本質的な虚無・無明を克服するために見つけた道筋になります。人間は、赤ん坊を養育者の共感で包むことによって、その心に自己信頼の心を育て、自己の感性と自己世界を根拠にして生きていける世界を開きました。それによって、自分の個性に合った生き方を見つけて人生を築くことができるようになったのです。

親鸞聖人は、真実を成就できない凡夫の自覚を持って、自分にできる道、自分の人生を築くことのできる道を見つけようとされました。そして、法然上人のもとで他力念仏の道を見つけられました。それこそが、自分にとっての有縁の法であり、自分の人生を充実させる道であると確信されたからです。

自己信頼の心が豊かに育てられた人は、このように、自分の生きる道を見つけて、それを生涯にわたって最後まで生ききることができます。事実、法然上人の他力念仏の教えを聞き、「これで救われた」と、それ以後、喜びの生活を送った人は多いのです。

もう少し広げて考えれば、『法華経』の教えを自分の生きる道だと確信し、それを生涯の道とする人は多いのです。同じように、禅の修行を生涯の道とする人、真言宗の修行を生涯の道とする人など、自分にとっての有縁の法を選び取り、生涯かけて歩む人は多いのです。それによって、真実の人間になることができなくても、つまりこの世で悟りを開くことができず凡夫のままであったとしても、手応えを持って生涯を生ききることができるのです。

ところが、親鸞聖人は、この段階でとどまることができませんでした。自己の凡夫性を厳しく見つめられ、その凡夫性の根源である虚無・無明に正直に立たれたことから、

「念仏すれば本当に浄土に往生することができるのか」「熱心に念仏しているのに、救われたという実感、喜びの心が湧いてこないのはなぜか」というような不審の心がおこってきて、「念仏の教えこそが自分の有縁の法である」と確信を持つことができなくなったのです。

これは、本質的な虚無・無明を背負って生きることになった人の世界と同じです。親鸞聖人が、この世界に足を踏み入れられたことによって、「この教えこそ正しい道だ」「これが一番良い道だ」と、それぞれに思い込みを主張し合う自己中心の世界を超えられたのです。そして、どこにも真実がなく、これがいいと思い込むこともできずに迷う人間の救いはどこにあるのかという課題に、真正面から向き合われることになったのです。

本質的な虚無・無明はどのように克服されるのかを、親鸞聖人は、阿弥陀仏が凡夫を凡夫のままで救うと誓われた「他力の悲願」に問い続けられました。そして、

「信じきることができず、不審の心がおこるのも凡夫のすがただよ」

「たしかな心が持てないのが凡夫の本質だから、その定まらない心のままを、見捨てずに救う」

という、大慈悲の心を感じとられたのです。それによって、凡夫の心のありのままが、すべて受けいれられていた世界に包まれたのです。

阿弥陀仏の大慈悲が、ただ「凡夫を救う」というだけであれば、それを受け止めた私たちは、「どんなに頑張っても良い人間になれないのだから、このままで仕方がない」と居直った世界にとどまってしまいます。しかし、それではほんとうの救いの世界は開きません。その思い込みを突破したのが、本質的な虚無・無明にまで深められた凡夫の自覚なのです。「自分は生きる根拠を持ちえない」という凡夫の本質を背景にして、その凡夫の救いがどこにあるのかを問いかけられたということです。そして、その本質的な問いかけによって、阿弥陀仏の大慈悲が、「定まらない心のままを救う」と迷いのすべてを包み込み、「それが凡夫だから」と凡夫の心のすべてを共感し受け止めておられるという、大慈悲の真の意味を感じとられたのです。そのことによって、人間が虚無・無明を克服するために獲得してきた自己信頼の心が、もう一度親鸞聖人の心に回復することになったのです。

自己信頼の心は、遺伝子のプログラムを離れて本来的な生き方をなくした人間が、自分の感性を根拠にして生きていくことのできる世界を開くものです。その自己信頼の心を回復したことで、居直りや諦めではなく、凡夫のままに生きることができる世界が開けたのです。これが、他力信心の救いによって獲得された救いの世界だったのです。

人間の自己信頼の心は、三歳までにその基本ができ、それ以後は大きく育つことがないものとされています。ところが親鸞聖人は、阿弥陀仏の他力の悲願によって、成人でも自己信頼の心を回復し、虚無・無明を抱えたまま、自己の感性を根拠として堂々と生きていける世界を開く道があることを明らかにされたのです。このことによって、すべての人間が、自分のありのままを生きていける世界が開かれたのです。

二 他力信心の救いの実感

阿弥陀仏の大慈悲は、真実の生き方ができない凡夫のまま、有縁の法を見つけることもできない凡夫のまま、悩みや苦しみを抱えて、どのように生きていいのかわからないと迷い続ける凡夫のままに、それが虚無・無明を本質とする凡夫のありのままのすがたであると、すべてを摂取されるのです。

ですから、阿弥陀仏の大慈悲は、これが正しい生き方であると正義を掲げて、それに

合わないものを排除するという教えではないのです。これが良い生き方であると見本を示し、それを実現できるように努力しなさいという教えでもないのです。正しい生き方も、良い見本も実現できない人間のすべてを、それが凡夫のすがたであると摂取されるのが、阿弥陀仏の大慈悲だったのです。

そのような、阿弥陀仏の大慈悲に、私たち凡夫は、生き方に迷うたびに、「どうすればいいのか」と尋ねるのです。すると、「そのように迷うのが、凡夫のすがただよ」と答えてくださるのです。さらに、「こんな自分では駄目だ、どうすればいいのでしょう」と尋ねると、「そのように絶望に沈むのも、凡夫のすがただよ」と答えてくださるのです。そのように、生き方に迷い絶望に沈

む中で、阿弥陀仏の教えに何度も何度も導かれることで、

「この迷いの多いすがたが凡夫であると阿弥陀仏がいわれ、その凡夫を決して見捨てないといわれるのなら、この迷いを抱えたままを生きていってみよう」

と、凡夫の身を心に受けいれ、凡夫の身のままに生き抜こうと、前向きな気持ちが私の心におこった瞬間が、他力信心が私に成就したときなのです。

ですから、「凡夫が凡夫のままで生きていく」というとき、その生きる根拠は凡夫の感性なのです。阿弥陀仏の大慈悲に包まれて生きるとはいっても、現実的に生きる根拠は、迷い多き凡夫の心なのです。ですから、親鸞聖人は、『正像末和讃』で、

浄土真宗に帰《き》すれども　真実の心《しん》はありがたし
虚仮《こけ》不実のわが身にて　清浄《しょうじょう》の心《しん》もさらになし　（聖典五〇八頁）

といわれるのです。他力信心を得た後でも、「真実の心」も「清浄の心」もない「虚仮不実のわが身」であるといわれるのです。しかしそれは、『正像末和讃』に、

無明長夜《むみょうじょうや》の燈炬《とうこ》なり　智眼《ちげん》くらしとかなしむな
生死大海《しょうじだいかい》の船筏《せんばつ》なり　罪障《ざいしょう》おもしとなげかざれ　（聖典五〇三頁）

といわれるように、無明長夜を生きるための燈炬となる生き方であり、生死大海の迷い

の世界を渡りきる船であり筏《いかだ》となる生き方なのです。目標も手本もない虚無・無明の世界を生きる根拠は、自分の「ありのまま」の感性しかないのです。親鸞聖人は、その感性のままに生きられる自己信頼の心を回復されたからこそ、「ありのまま」の感性を素直に生きていくことができる救われた世界が開かれたのです。

それが、世間から評価されるような生き方になるのか、周りから嫌われるような生き方になるのか、それは業縁によって変わってきます。それをすべて含めて、阿弥陀仏の大慈悲の摂取の中と受け止めて、自分の「ありのまま」をしっかりと意識して生ききるというのが、「凡夫が凡夫のままで生きる」という現実的なすがたなのです。

これによって、罪悪深重の凡夫が、その凡夫のままで生ききることのできる世界を得ることができたのです。

あとがき

カウンセラーとしての長い活動の中で、人間が前向きに生きる基礎が、無条件の受容によって作られることがわかりました。そして、その前向きに生きる基礎の具体的な内容は、「ありのままの自分を受けいれる」という自己受容であり、「自分の感性のままに生きていこう」という自己信頼の心であることが、次第に明らかになってきたのです。

ところが、自己信頼の心を取り戻し、自分らしい人生を生きていこうと立ち上がる時期には、個人によって大きな違いがあります。深刻な問題を抱えた人は、簡単に自己信頼の心を取り戻すことはできません。さらに、個性の違いによって、問題がそれほど深刻でなくても、自己信頼の心を取り戻すことが簡単にはできない人がいたのです。

そのようなカウンセラーとしての実感を背景にして、親鸞聖人の他力念仏の救いの世界を考えていくと、阿弥陀仏の絶対平等の大慈悲に摂取されるという実感が、個人的な問題の深刻さも、個性の違いをも超えて、すべての人に「前向きに生きる心」をもたらすものであると確信するようになっていきました。

私たち人間が、「自己信頼の心」をどのように獲得するのか、それをどのように意識し、さらにどのように回復するのかを、心理学の成果を踏まえて考えていくと、親鸞聖人が阿弥陀仏の平等の大慈悲に摂取されることによって「信心歓喜」の喜びの世界を開かれたことと重なってきました。その意味で、親鸞聖人の求道の歩みを学ぶことが、人間が根源的に前向きに生きる世界を開いていく道を明らかにすることに繋がっていったのです。

そのように、心理学、特にカウンセラーの経験から得た実感を中核として、他力信心の救いの意味を明らかにしようとしたのが本書です。

本書の出版に先だって、『引きこもりを克服するための法話』と、『うつにならないための法話』を出版しました。『引きこもりを克服するための法話』では、本質的な虚無を背負って生きる人の悲しさを明らかにしました。その「引きこもり」の状況を克服するためには、他者の援助、無条件の受容が不可欠なのですが、親や家族であっても、無条件の受容を貫徹することは極めて難しいのです。だからこそ、阿弥陀仏の大慈悲の摂取不捨が、最後の頼みの綱となるということを明らかにしました。

また、『うつにならないための法話』では、自己信頼の育ち方の豊かな人と希薄な人で、生き方にどのような違いが出てくるのかということを、詳しく解説しました。自己信頼の心が豊かに育っている人は、自己の感性に従って、伸び伸びと自分らしい人生を歩んでいきます。ですから、「うつになる」ということとは無関係な人生を歩みます。しかし、自己信頼の心を豊かに育てることができなかった人は、「うつになる」可能性を多く抱えることになるのです。

そのような自分のありのままを引き受け、自分らしい人生を開く力を育ててくださるのが、やはり、阿弥陀如来の大慈悲による無条件の受容であることを明らかにしました。

そのように、先に出版した二冊の本においては、人間が抱えた本質的な虚無が現実生活にあらわれてくる、具体的な苦悩や悩みを課題にして、それをどのようにすれば克服できるのかを、他力信心の救いを踏まえて明らかにしました。本書と合わせてお読みいただければ、人間の根源的な悩みと救いについて、より深く理解いただけると思います。

本書では、現実的な悩みの解決を目指すカウンセラーの経験をもとにして、私が実感した親鸞聖人の教えの意味を明らかにしました。このような解説書をお読みいただくことによって、他力信心が身近に感じられるようになり、現実的な悩みを本質的に解決するものであることを感じとっていただければ、それにまさる喜びはありません。

最後に、本書の出版を実現してくださった、法藏館社長、西村明高氏に心からお礼申し上げます。またさらに、原稿執筆段階から数多くの助言をいただいた編集部の満田みすず氏に、心から感謝申し上げます。

二〇一五年一〇月三〇日

和田真雄

和田真雄（わだ　しんゆう）

1953年、岐阜県に生まれる。1975年、信州大学人文学部卒業。1980年、大谷大学大学院博士課程満期退学。1982年、大谷大学特別研究員修了。2004年、名古屋大学大学院研究生修了。

1989年にカップルカウンセリングを設立し、家族の人間関係を調整するカウンセリング活動をはじめる。2002年、有限会社和田企画を設立。社会生活に不可欠なコミュニケーション力を指数化する心理テスト「ACS」を独自に開発し、一人ひとりの個性や組織の人間関係分析をもとにした人材育成、人材教育をはじめる。2012年、一般社団法人コミュニケーション・クオーシェント協会を設立し、結婚・家族・職場など全般にわたって、人間関係を良好に築くための講座やワークショップをはじめる。短期間で成果が出ることから、多くの人に支持されている。

現在、カップルカウンセリング代表、有限会社和田企画代表取締役、一般社団法人コミュニケーション・クオーシェント協会会長、龍谷大学非常勤講師。

著書は、『引きこもりを克服するための法話』『うつにならないための法話』『私でも他力信心は得られますか？』（すべて法藏館）など多数。

他力信心を実感するための法話

二〇一五年一二月二〇日　初版第一刷発行

著　者　和田真雄
発行者　西村明高
発行所　株式会社　法藏館
京都市下京区正面通烏丸東入
郵便番号　六〇〇-八一五三
電話　〇七五-三四三-〇〇三〇（編集）
〇七五-三四三-五六五六（営業）

装幀者　山崎　登
印刷　立生株式会社　製本　清水製本所

ISBN 978-4-8318-8739-9 C0015